Überleben in Südtirol

TISCHLER

Luisa Righi / Stefan Wallisch

Überleben in Südtirol

Zwischen Bergen, Knödeln und Dolce Vita

Folio Verlag Wien – Bozen

Gedruckt mit freundlicher Unterstützung der Abteilung Deutsche Kultur der Autonomen Provinz Bozen – Südtirol

Bildnachweis
Ansa (Foto: Maurizio Brambatti): S. 62 | Frieder Blickle: S. 28, 46 | Fotoarchiv Erika Groth-Schmachtenberger, Südtiroler Landesmuseum für Volkskunde (Nr. 004235, 000175, 000092): S. 36, 50, 80 | Hermann Gummerer: S. 22 | IDM Südtirol (Foto: Alessandro Molinari, Photomovie): S. 12 | Luisa Righi e Stefan Wallisch: S. 64, 70 | Suedtirolfoto.com (Foto: Udo Bernhard): S. 52, 78, 82; (Foto: Franz Brugger): S. 14; (Foto: Anneliese Kompatscher): S. 88; (Foto: Helmuth Rier): S. 10, 24, 32, 60, 72, 76, 86, 90; (Foto: Othmar Seehauser): S. 16, 34, 38, 40, 54, 84 | Monika Thurner: S. 8 | Touriseum – Südtiroler Landesmuseum für Tourismus: S. 18 | Lorenzo Zambello: S. 42
Illustrationen: Peppi Tischler
Autorenfoto: Manuela Tessaro
Coverabbildung: ENIT – Agenzia Nazionale del Turismo

Zweite Auflage 2021

Lektorat: Hermann Gummerer
Grafik: no.parking, Vicenza
Druckvorstufe: Typoplus, Frangart
Printed in Italy
ISBN 978-3-85256-793-8
www.folioverlag.com

Inhalt

Vorwort 7

Du sollst keine Äpfel klauen! 9
Machen Sie kein Selfie mit Wolf und Bär! 11
Suchen Sie nicht die Einsamkeit im Frühlingstal 13
Siesta in den Dolomiten 15
Die Pilze-Mafia geht um 17
Fahre Seilbahn, egal in welche Richtung! 19
Hoila! Grüßen am Berg 21
Alpin-Knigge für Frauchen und Herrchen 23
Hüttengaudi, aber kein Ballermann 25
Du sollst nicht fluchen! 27
Babylonische Sprachverwirrung beim Chatten 29
Ladiner sind immer voraus 31
Schwimmen Sie gegen den Stau! 33
Achtung Radfahrer! 35
Von A wie Auto bis Z wie Zebra 37
Weiß ist teurer als Blau 39
Mobil ins Museum 41
CSI Südtirol – jeder Hund hinterlässt eine Spur 43
Von wegen Sommerfrische! Hitze in Bozen 45
Nimm dir etwas Warmes mit! 47
Die Matschhose 49
Das richtige Schuhwerk 51
Shorts oder Sauna 53
Die Geschichte lernen lohnt sich 55
Wir sind keine Trentiner! 57

Wir sind Südtiroler *e basta!* 59
Was macht einen echten Südtiroler aus? 61
Frage keinen Südtiroler Athleten nach dem „Inno di Mameli"! 63
Die Ortsnamen-Sünden 65
Das Christkind hat Verspätung 67
Der Gast und die Straßenschuhe 69
Das Bidet, Symbol mediterraner Toilettenkultur 71
Küche versus Wohnzimmer 73
Der Marianengraben im Schlafzimmer 75
Suppen nur im Krankenhaus 77
Wie man Knödel isst 79
Leitungs- oder Mineralwasser? 81
Cappuccino nur mit Blick auf die Uhr 83
Die Kaffee-Farbtabelle 85
Die Tücken mit den Römern und den Trebern 87
Trinkgeld trotz *coperto*? 89
Vorsicht mit *etti* und Deka! 91
Leben in Südtirol 93

Vorwort

In Südtirol gibt es mehr Fettnäpfchen als Dreitausender, dabei ragen davon immerhin rund 350 in die Höhe, ohne die namenlosen Nebengipfel mitzuzählen. Um sich sicheren Schrittes zwischen Brenner und Salurn, Ortler und Helm* zu bewegen, bedarf es einer gewissen Erfahrung. Dann aber, wenn man den Facettenreichtum Südtirols zu deuten und zu schätzen lernt, gewinnt das Land nochmal an Schönheit.

Hier im Herzen der Alpen sind drei Sprachgruppen – Deutsche, Italiener und Ladiner – zu Hause, und es treffen vor allem zwei große Kulturkreise aufeinander. Mal laufen Sie Gefahr, den einen, mal den anderen vor den Kopf zu stoßen, oder mit einem einzigen Fauxpas gleich alle! Wir haben hier einige Hintergrundinformationen und Tipps zusammengetragen, wie das Zusammenleben zwischen *Zuagroasten* oder *Hießigen* ohne diplomatische Pannen funktionieren kann. Dabei erheben wir keinerlei Anspruch auf Vollständigkeit und erlauben uns auch einen augenzwinkernden Blick auf unsere Mitbürger sowie die eine oder andere Zuspitzung.

* Der Ortler ist Südtirols höchste Erhebung und liegt ganz im Westen, der Helm ist ein Grenzberg zu Österreich ganz im Osten.

PRIVATBESITZ
KASTANIEN SAMMELN VERBOTEN
PROPRIETA' PRIVATA
VIETATO RACCOGLIERE CASTAGNE

Du sollst keine Äpfel klauen!

Der Apfel ist bekanntlich seit Ursprung der Menschheit die Frucht der Versuchung. Wer ihr in Südtirol verfällt und einen Apfel am Wegesrand stiehlt, der ist dieses kleinen Paradieses inmitten der Alpen nicht würdig. Zugegeben, es ist verdammt schwer, diesen roten Bäckchen zu widerstehen! Man radelt an einem herrlichen Spätsommertag durch die Obstwiesen, und sie lächeln einen an. Es ist wie mit den ausgespuckten Kaugummis auf dem Gehsteig: Einer ist kein Malheur, wenn es jeder macht, hingegen schon. Die leer *geklaubten* oder besser: leer geklauten Bäume entlang der Radwege bedeuten einen immensen Schaden und Verdienstentgang für die Bauern. Die Gegenmaßnahmen sind mannigfach und reichen von mehr oder weniger freundlich-witzigen Hinweisschildern über Zäune und Videokameras bis hin zu auf Vertrauensbasis funktionierenden Selfservice-Obst-Kiosken. Seien Sie also keine Eva und lassen Sie den Apfel dem Bauern! Dies gilt übrigens auch für Trauben, Himbeeren, *Keschten*. Die begehrten, weil köstlichen Edelkastanien sind nun einmal nicht herrenlos, nur weil sie zwischen herbstlichem Laub auf dem Boden herumliegen, sondern sie sind ein wichtiger Nebenerwerb für die Bauern.

Machen Sie kein Selfie mit Wolf und Bär!

Der letzte Wolf wurde 1896 in Villnöß erlegt. Über hundert Jahre war Südtirol „wolffrei“, seit wenigen Jahren ist der *Canis lupus* wieder in unseren Breiten sesshaft geworden. Aktuell (2021) streifen drei bis vier Rudel, sowie mehrere Einzelgänger – Jungwölfe, die sich „selbstständig“ gemacht haben – durch unsere Wälder. Außerdem gibt es nach einem Wiederansiedlungsprogramm im Trentino wieder rund hundert Braunbären. In Südtirol hat sich bisher keiner niedergelassen, sondern schaut nur von Zeit zu Zeit im Überetsch, am Mendelkamm und im Vinschgau vorbei. Die Rückkehr der Großraubtiere bereitet den Bauern überhaupt keine Freude, da sie um ihr Vieh auf den Almen fürchten. Hitzig diskutiert wird deshalb über Abwehrmaßnahmen und „Entnahmen“, d. h. den Abschuss von sogenannten Problemtieren. Der Mensch braucht Wolf und Bär nicht zu fürchten, da sie sehr scheu sind. Vorsicht ist dennoch angebracht, vor allem, wenn süße Jungtiere über die Forststraße trotten, denn deren Mütter verstehen keinen Spaß. Lassen Sie dann Ihr Handy in der Hosentasche. Ohne Foto wird der Bär in Ihren Erzählungen sowieso noch größer und furchteinflößender.

LANDESFORSTKORPS
FORESTALE PROVINCIALE

Suchen Sie nicht die Einsamkeit im Frühlingstal

Anfang März, wenn der Winter die Berge noch fest im Griff hat, ist im Frühlingstal im Überetsch der Lenz bereits eingekehrt. Der Name des Tales, das sich vom Weiler Montiggl in Richtung Kalterer See erstreckt, sagt schon alles. Dank des milden Mikroklimas blühen hier Schneeglöckchen und andere Frühlingsboten besonders zeitig und prächtig. Der alljährliche Spaziergang über den Blumenteppich gehört zum Fixprogramm vieler Südtiroler Familien. Die Ruhe einer Nebelwanderung sucht man hier allerdings vergebens. Dies gilt freilich auch für den Pragser Wildsee. Seit Terence Hill hier „Die Bergpolizei" gedreht hat, wird der malerische Gebirgssee vor allem im August von Touristen überrannt. In Italien war die TV-Serie mit dem Titel „Un passo dal cielo" ein Riesenerfolg, und ein Sequel folgt auf das andere. In der Vorweihnachtszeit wiederum sollten bekennende Einzelgänger einen weiten Bogen um den Bozner Waltherplatz machen. Der dortige Christkindlmarkt zieht in der „stillen" Zeit des Jahres mehr als eine halbe Million Besucher an.

← Terence Hill und Enrico Ianniello bei Dreharbeiten am Pragser Wildsee

Siesta in den Dolomiten

Südtirol ist zwar ein blühendes Tourismusland, in einigen Dingen hat es aber seinen ländlichen Charakter bewahrt. Zum Glück, möchte man sagen. Einkaufszentren gibt es kaum. Das hat dazu beigetragen, dass die Nahversorgung selbst in den entlegensten Dörfern funktioniert. Natürlich sind diese Tante-Emma-Läden nicht wie die Supermärkte zwölf Stunden durchgehend geöffnet. Wer sich nicht sputet, der steht um 12.05 Uhr schon mal vor verschlossenen Türen und kann keine Wurstsemmel mehr ergattern. Meist öffnen die Läden erst wieder um 15 oder gar 15.30 Uhr. Wenn sie am Samstagnachmittag geöffnet haben, bleiben sie in der Regel am Donnerstagnachmittag geschlossen. Mit ein wenig Vorausblick ist das aber alles kein Problem, genausowenig wie der Umstand, dass viele kleine Seilbahnen Siesta halten. Die Wartezeit lässt sich mit einem Nickerchen in der Sonne oder einem Stück Kuchen überbrücken. Hauptsache, Sie wollen keine Strauben! Dieses leckere Rührteiggebäck mit Preiselbeermarmelade kann in der Regel erst nach 15 Uhr bestellt werden, weil davor in der kleinen Almküche zu viel Betrieb ist.

Die Pilze-Mafia geht um

Auf einem Waldspaziergang stolpern Sie über einen Steinpilz, ein wahres Prachtexemplar! Sie müssen ihn aber stehen lassen, weil der 27. August ist. Pilzesammeln ist in Südtirol streng geregelt und nur an geraden Tagen zwischen 7 und 19 Uhr sowie mit offenen Behältern erlaubt. Es darf maximal ein Kilo pro Person und Tag sein (zwei Kilo innerhalb der eigenen Wohnsitzgemeinde), und Sie müssen eine Gebühr entrichten. Andernfalls drohen saftige Strafen, in bestimmten Gemeinden ist das Sammeln sogar ganz verboten – kein Wunder, wenn es da mitunter zu filmreifen Fluchtszenen vor der anrückenden Forstwache kommt. Ein Schwammerlsucher, der in den Wäldern von Welschnofen mit 16 Kilo im Rucksack erwischt wurde, musste immerhin 1.270 Euro berappen. Ob er Mitglied der „Pilze-Mafia" war, ist nicht überliefert. So hat die Presse die organisierten Gruppen aus dem Süden getauft, die angeblich systematisch die Wälder durchkämmen und keinen *Porcino* (Steinpilz) stehen lassen. Mitunter wird die heiße Ware im Hotelzimmer oder Camper mit Dörrautomaten getrocknet, um später teuer verkauft zu werden. Informieren Sie sich also bei der jeweiligen Gemeindeverwaltung, bevor Sie sich auf die Pirsch machen.

Elektrische Schwebebahn
von Bozen (265 m) nach Kohlern
(1140 m)

Fahre Seilbahn, egal in welche Richtung!

Südtirol ist ein Land der Seilbahnen. Auf unsere Berge führen rund 370 Aufstiegsanlagen – vom Schlepplift bis zur hochmodernen Dreiseil-Umlaufbahn. Man könnte in nur einer Stunde die gesamte Südtiroler Bevölkerung, das sind immerhin 530.000 Menschen, in die Höhe befördern. Neben Skifahrern nutzen immer häufiger Wanderer Seilbahnen, um bequem in luftige Höhen zu gelangen, ohne sich über lahme Wohnmobile auf den Bergstraßen ärgern zu müssen. So führen von Bozen gleich drei Schwebebahnen auf die umliegenden Anhöhen, den Ritten, nach Jenesien und Kohlern, wobei letztere beansprucht, die älteste Personenseilbahn der Welt zu sein! Die bevorzugte Fahrtrichtung ist auch nicht immer so eindeutig, wie man glauben möchte: Machen Sie es wie die Einheimischen! Eine ansehnliche Zahl Boznerinnen und Bozner wandert (bzw. läuft) nämlich liebend gerne auf ihren Hausberg, den Ritten. Von Oberbozen geht es dann – je nach Tageszeit gestärkt mit einem Cappuccino oder Hefebier – knieschonend per Bahn wieder hinunter in die Stadt. Auch die Vöraner Seilbahn verkauft dank sportlicher Fahrgäste weit mehr Tal- als Bergfahrten.

TISCHLER

Hoila!
Grüßen am Berg

Am Berg werden wir alle zu besseren und netteren Menschen. Plötzlich schenken wir all jenen eine freundliche Geste, an denen wir in der Stadt wortlos vorbeihetzen. Mit dem Grüßen am Berg ist es in Südtirol wie überall. Und dennoch gibt es Unterschiede. Die Daumen gemütlich in den Tragegurten des Rucksackes eingehängt, schreiten Sie voran. Das Lächeln wird immer breiter, je näher der Wanderer aus der anderen Richtung kommt, und im richtigen Augenblick ein freundliches ... ja was denn? Deutsch oder Italienisch? Du oder Sie? Um es kurz zu machen: Auch in Südtirol gilt die ungeschriebene Regel, wonach man sich über 1000 Metern Höhe duzt. Auf der Tappeinerpromenade in Meran müssen folglich nicht alle gegrüßt werden, auf dem Meraner Höhenweg kann das durchaus angemessen sein! Was die Sprachzugehörigkeit betrifft: Wanderstöcke und karierte Hemden sind leider kein Indiz, denn sie sind unter italienischen und deutschen Touristen gleichermaßen beliebt, Einheimische sind mitunter funktioneller und moderner gekleidet. Deshalb liegen Sie mit einem Südtiroler „Hoila“ bei allen goldrichtig.

Hunde bitte an die
Leine wegen Hühner

Vorsicht!
Bitte halten Sie Abstand!
Attenzione!
Mantenere la distanza!
Attention!
Keep distance!
Bitte die landwirtschaftlichen Flächen
NICHT mit HUNDEKOT
verschmutzen! Danke!
Si prega di NON inquinare i
campi con gli ESCREMENTI
dei CANI! Grazie!
Hier werden auch
IHRE LEBENSMITTEL
produziert.
Qui vengono
prodotti anche i
SUOI ALIMENTARI

Alpin-Knigge für Frauchen und Herrchen

Die Hochgebirgslandschaft gibt eine prächtige Kulisse ab, auch dank der von Bergbauern gepflegten Almen. Mit unermüdlichem Einsatz werden Jahr für Jahr Lawinenschäden beseitigt, Latschenkiefern gestutzt und Weidetiere aufgetrieben. Damit wird die Verwaldung der Almwiesen verhindert. Umso ärgerlicher ist es, wenn „Besucher" auf fremdem Privateigentum – denn nichts anderes sind die Wanderer – diesen Arbeitsaufwand nicht zu schätzen wissen. Nach einer tödlichen Kuhattacke in Nordtirol ist viel über das friedliche Nebeneinander von Almwirtschaft und Tourismus diskutiert worden. Bello und Rex gehören sowohl im Wald als auch auf den Almen an die Leine: Freilaufende Hunde stören und schwächen insbesondere im Winter das Wild und verängstigen sommers das Weidevieh, vor allem die Muttertiere; das kann für Frauerl und Herrl (genauso wie für rasant abfahrende Mountainbiker) gefährlich werden. Sollte eine Kuh auf Sie zulaufen: Leinen los! Stellen Sie sich keinesfalls schützend vor Ihren Hund. Übrigens: Auch die Häufchen der vierbeinigen Freunde haben in der alpinen Kulturlandschaft nichts zu suchen und sind einzusammeln, sie bergen für das Vieh gefährliche Krankheitserreger.

Las Vegas

Hüttengaudi, aber kein Ballermann

„Bitte ohne Steigeisen" steht an der Eingangstür zur Schutzhütte. Das leuchtet ein, so würden Sie es vermutlich auch bei sich zu Hause handhaben. Die Führung von Hütten, vor allem im Hochgebirge, ist sehr arbeits- und kostenintensiv, und der Gast sollte darauf Rücksicht nehmen. Leider werden Schutzhütten oft mit Restaurants unten im Tal verwechselt, wo auf persönliche Wünsche und Vorlieben („… Reis statt Bratkartoffeln!") leichter eingegangen werden kann. Einige Hüttenregeln sind streng wie in Klöstern, eine davon betrifft die Nachtruhe: Die Hüttengaudi gehört mitunter zur Abendgestaltung, Musik und Schnaps sind häufig feste Bestandteile. Die Südtiroler sind übrigens in beiden Disziplinen versiert. So ausgelassen die Stimmung aber auch sein mag, um 22 Uhr (ein akademisches Viertel wird auch am Berg zugestanden, aber nicht mehr) heißt es: Licht aus und Ruhe! Dies, obwohl wir uns in südlichen Gefilden befinden und unten in der Stadt um diese Uhrzeit der Abend erst so richtig beginnt.

TISCHLER

Du sollst nicht fluchen!

Wenn sich ein deutsch- und ein italienischsprachiger Südtiroler in der jeweils anderen Landessprache ausdrücken muss, dann kann es schon mal holprig werden. Nur ein kleiner Teil der hiesigen Bevölkerung ist perfekt zweisprachig und switcht problemlos vom Deutschen ins Italienische und zurück. Der gute Ton gebietet es dennoch, soweit es in den eigenen Möglichkeiten steht, die Sprache seines Gegenübers zu wählen. Worin die deutschsprachigen Südtiroler allerdings auffallend sattelfest sind, ist das Fluchen auf Italienisch. Das geht ihnen beim Kartenspielen im Gasthof geschmeidig über die Lippen, ebenso wie die vielfältigen Südtiroler Übersetzungen, die es für diese Kraftausdrücke gibt. Auf der anderen „Sprachseite" ernten sie dafür meist ein stummes Kopfschütteln. Sie müssen ihnen das also nicht nachmachen.

Dem gegenüber steht der ausgeprägte Aberglaube mancher Italiener. Über Tod und Krankheit reden sie äußerst ungern – und wenn, dann nur begleitet von vermeintlich unverzichtbaren Ritualen, wie dem Griff in den Schritt, der drohendes Unglück abwenden soll. Spannen Sie auch keinen Regenschirm zum Trocknen in einem von Italienern bewohnten Haus auf.

TI AMO
ICH AUCH

Babylonische Sprachverwirrung beim Chatten

Whatsapp ist kein geeignetes Mittel, um mit Südtirolern in Kontakt zu treten, es sei denn, Sie sind 20, der Mundart und des Italienischen mächtig. Die deutschsprachigen Südtiroler chatten, mit wenigen Ausnahmen, im Dialekt. Wir reden hierbei nicht nur von einem *Ratscher* (Geplaudere) unter Freunden, sondern vielfach auch von beruflicher Kommunikation. Wer im Südtiroler Dialekt nicht versiert ist, steigt da rasch aus oder glaubt die Spracheinstellung am Smartphone verstellt zu haben. Wenn man *I kon et kemm, hon ka Zeit* liest, dann hat man einen Korb bekommen, egal ob von der Angebeteten oder vom Handwerker. Hinzu kommt, dass sich deutsch- wie italienischsprachige Südtiroler digital im üblichen, mit zahllosen Abkürzungen gespickten Jugendslang verständigen. So wird statt „Was machst du grad?" wt (wås tuasch?), statt *„perché"* (warum, weil) *x'* getippt und statt *„ci sei?"* (Bist du da? Kommst du?) schlicht *c6*. Und dann gibt es noch Begriffe, die in beiden Sprachen gleich klingen, aber unterschiedliche Bedeutungen haben. Missverständnisse sind vorprogrammiert, wenn *Tata* (italienisch: Kindermädchen, südtirolerisch: Vater) Max vom Kindergarten abholen soll.

TISCHLER

Ladiner sind immer voraus

In Südtirol sind Deutsch, Italienisch und Ladinisch gleichberechtigte Amtssprachen, im Alltag sind es de facto vier, denn auch in den Amtsstuben wird gerne Dialekt gesprochen. Die Ladiner gelten als künstlerisch begabt, geschäftstüchtig und sie bewegen sich so souverän wie sonst niemand in den beiden anderen Landessprachen. Verteilt auf die Provinzen Bozen (Gröden und Gadertal), Trient (Fassatal) und Belluno (Buchenstein und Ampezzo) leben in den Dolomiten rund 30.000 Mitglieder dieser sprachlichen Minderheit. Ihr Sprachtalent hat mehrere Ursachen: Wer sich schon außerhalb seines Tales nicht mehr in der eigenen Muttersprache verständigen kann, muss sich anpassen. Dass ihre Täler gerne von zahlungskräftigen Touristen aus dem In- und Ausland besucht werden, hat gewiss auch zur höheren Sprachkompetenz beigetragen. Ein weiterer und möglicherweise der entscheidende Grund liegt aber im Schulmodell: Während in den deutschen und italienischen Schulen alle Fächer in der jeweiligen Muttersprache unterrichtet werden und die andere Landessprache nur als Zweitsprache gelehrt wird, vermitteln ladinische Schulen den Unterrichtsstoff je zur Hälfte auf Deutsch und Italienisch mit dem Ladinischen als Vermittlungssprache.

Schwimmen Sie gegen den Stau!

Die Urlauberfamilie fragt sich beim Frühstück, was sie mit dem verregneten Tag anfangen soll. „Fahren wir nach Bozen und schauen uns Ötzi an“, schlägt der Vater vor, stolz auf die rettende Idee. Leider haben im selben Augenblick zahllose andere Touristen dieselbe Eingebung. Die Folge sind Staus an der Bozner Stadteinfahrt, überfüllte Parkhäuser und eine schier endlose Menschenschlange vor dem Archäologiemuseum. In Südtirol sind Sie außerdem nie allein: zu *Ferragosto* (am 15. August) auf dem Friedrich-August-Weg am Fuße des Plattkofels, mit dem Fahrrad in der Vinschgerbahn und später am Etschradweg beim gemütlichen Talwärts-Rollen. Vor allem sind Sie nicht allein, wenn Sie am Samstagvormittag über das Pustertal und über die Brennerautobahn nach Hause fahren bzw. sich nach Hause stauen. Außer Sie sind ein ausgesprochener Individualist und machen alles phasenverschoben: Dann wartet Ötzi bei strahlendem Sonnenschein sehnlichst auf Ihren Besuch, beschenkt Sie die nächtliche Autobahn mit freier Fahrt und büßen die Berge bei Nieselregen nichts von ihrer Faszination ein, im Gegenteil!

Achtung Radfahrer!

Die Bozner legen sommers wie winters rund 30 Prozent aller Strecken in der Stadt mit dem Fahrrad zurück. Das ist auch international ein absoluter Spitzenwert, zu dem auch die 50 Kilometer Radwege beitragen. In Bozen radelt wirklich jede und jeder, vom Schulkind zur Pensionistin, vom Schichtarbeiter zur Unternehmerin. Wenn ein Knirps halbwegs stehen kann, wird er auf das Laufrad gesetzt. So überrascht es nicht, dass auch die perfekt gedresste Richterin mit der Prozessakte im Fahrradkorb zum Gerichtsgebäude strampelt oder besser gesagt, düst. Denn sobald die Bozner auf den Drahtesel steigen, kommt ihre südländische Seite zum Vorschein: Stoppschilder und rote Ampeln markieren dann bloß Stellen, die erhöhte Aufmerksamkeit verlangen – von einem Haltegebot ist keine Rede. Das Gesetz des kürzesten Weges führt über Gehsteige und durch Fußgängerzonen, Hindernisse wie Kinderwagen und Senioren werden dynamisch umkurvt. Und mit dem E-Bike geht alles noch flotter. Wird ein Bozner doch einmal von einem Stadtpolizisten gestellt, nimmt er einsichtig, aber murrend den Strafzettel entgegen, schiebt sein Rad brav um die nächste Ecke und radelt dann weiter – ohne Licht und gegen die Einbahn, versteht sich.

RALLENTARE

Von A wie Auto bis Z wie Zebra

Verlassen Sie sich als Fußgänger nicht naiv oder gar rechthaberisch auf den Vertrauensgrundsatz. Ein Fuß auf dem Zebrastreifen bedeutet noch lange nicht, dass das heranbrausende Auto auch tatsächlich für Sie hält. Blickkontakt erhöht die Chancen, auf die andere Straßenseite und nicht ins Krankenhaus zu gelangen. Wundern Sie sich andererseits nicht, wenn sich Fußgänger bei Ihnen als Autofahrer mit einem Handzeichen oder Kopfnicken artig bedanken, wenn Sie ihnen gnädig und großzügig ihr gutes Recht zugestehen. Grobes Fehlverhalten am Steuer wird in Südtirol wie in ganz Italien hingegen mit drakonischen Strafen geahndet: Wer mit mehr als 1,5 Promille am Steuer erwischt wird, der ist nicht nur den Führerschein, sondern auch das Auto los, und seit 2016 gibt es die Straftat der fahrlässigen Tötung im Straßenverkehr. Vorsicht ist auch bei Staus auf der Brennerautobahn geboten, das Chaos ist nämlich vorprogrammiert: Bundesdeutsche und österreichische Urlauber bilden eine Rettungsgasse, wie sie es brav zu Hause gelernt haben, bei uns ist hingegen der Pannenstreifen frei zu halten. Rettungskräfte müssen daher mühsam in Schlangenlinien zur Unfallstelle kurven.

← Südlich von Sterzing, 1950er-Jahre

BOZEN-GRIES
DOLOMITEN

Weiß ist teurer als Blau

Eines gleich vorweg: Vergessen Sie in Bozen gratis Parken! Für Nicht-Bozner gibt es schlicht keine kostenlosen Abstellplätze. Wer mit dem Auto in die Landeshauptstadt kommt, der stellt dieses am besten in einem der Parkhäuser oder in einer blau markierten Kurzparkzone ab. Sollten Sie in der Altstadt eine vermeintlich kostenfreie Parklücke erspähen, so haben Sie sich zu früh gefreut. Innerhalb der weißen Linien dürfen nur Anwohner parken. Wer sich auf diese Weise dennoch die zwei Euro pro Stunde für die Kurzparkzonen sparen will, der riskiert 42 Euro Strafe. Bozen war 1993 mit den *Zone colorate,* in unterschiedlichen Farben gekennzeichnete Anrainerparkplätze, Vorreiter bei der Einführung der Parkzonen, mittlerweile hat sich dieses Modell in ganz Europa etabliert. Während des Christkindlmarktes und an verregneten Sommertagen sind allerdings auch die gebührenpflichtigen Parkplätze rasch ausgelastet, dann heißt es: „Nichts geht mehr".

Und schließlich: Riskieren Sie auf keinen Fall in Bozen und Meran „kurz mal" zum Abladen der Koffer in die Fußgängerzone zu fahren, die Kameras werden Sie gnadenlos erfassen und Wochen später für unerfreuliche Post sorgen.

Mobil ins Museum

Auf der Straße, auf der Schiene oder gar in luftiger Höhe: Südtirol verfügt über ein hervorragend abgestimmtes und getaktetes Nahverkehrssystem. 270.000 Personen nutzen den elektronischen Fahrausweis *Südtirol Pass*, denn Linienbusse fahren bis in die entlegensten Ortschaften, und in den Haupttälern verkehren die smarten und bunten FLIRT-Züge. Gäste können hingegen die *Mobilcard* für einen, drei oder sieben Tage erstehen und so unbegrenzt alle öffentlichen Verkehrsmittel und sogar mehrere Seilbahnen benutzen. Von Oberbozen in die Landeshauptstadt spart man so rund die Hälfte an Fahrzeit, aber auch Kilometer: Statt 18 Kilometer mit dem Auto, sind es in der *direttissima* nur viereinhalb Kilometer. Radfreunde müssen sich mit der *Bikemobil Card* nie von ihren geliebten Drahtesein trennen, und Kunstfreunde kommen mit der *Museumobil Card* öffentlich und günstig in mehr als 90 Museen, Sammlungen und Ausstellungen. Ausprobieren lohnt sich für die Umwelt und die Brieftasche: Statt der teuren Parkgebühren können Sie und Ihre Lieben sich ein Eis genehmigen.

← Die Rittner Seilbahn über der Bozner Altstadt

CSI Südtirol – jeder Hund hinterlässt eine Spur

In Südtirols Haushalten leben rund 40.000 Hunde. Dass diese beim Gassi gehen auch mal was auf dem Gehsteig hinterlassen, stellt ein häufiges Ärgernis dar. Das Land Südtirol will dem einen Riegel vorschieben und die unerzogenen Hundebesitzer zur Kasse bitten. Dazu soll ein Hunde-DNA-Register eingeführt werden, mit dessen Hilfe die Urheber der verhassten Häufchen auf dem Gehsteig ausgeforscht und deren Besitzer abgestraft werden können – *crime scene investigation* wie aus dem Lehrbuch. Urlauberhunde würden dem CSI Bozen aber durch die Lappen gehen, weil nicht in der Südtiroler DNA-Datenbank registriert. Das sollte Sie aber nicht davon abhalten, den Gehsteig und die Wiesen so sauber zu hinterlassen, wie Sie sie vorgefunden haben.

Übrigens, in Bozen müssen Raucher auch im Freien Zurückhaltung üben: Das Rauchverbot gilt nämlich nicht nur in öffentlichen Lokalen, sondern auch auf Kinderspielplätzen. Wer dort mit brennender Zigarette (oder geöffneter Bierflasche) ertappt wird, riskiert zwischen 50 und 500 Euro Strafe.

TISCHLER

Von wegen Sommerfrische! Hitze in Bozen

Bozen ist ein klimatisches Unikum. Nur 30 Autominuten von den Skipisten entfernt, kann das „Tor zu den Dolomiten“ mit mediterranem Flair aufwarten. Auf der Oswald- und Guntschnapromenade wachsen Kaktusfeigen und Olivenbäume, auf den Talferwiesen fühlt sich eine Kolonie Halsbandsittiche, das sind grüne, freche Papageien, sichtlich wohl. Aufgrund seiner Lage auf gerade einmal 262 Metern Seehöhe, in einem nur nach Süden offenen Talkessel, ist Bozen im Frühsommer oft die heißeste Stadt Italiens. Während das noch kühle Meer im übrigen Stiefelstaat für erträgliche Temperaturen sorgt, geraten die Bozner mangels Luftaustauschs am Fuße der Berge schon mächtig ins Schwitzen. Im Sommer sind Temperaturen von bis zu 40 Grad keine Seltenheit. Allerdings reichen wenige Minuten Seilbahn- oder Autofahrt auf die umliegenden Höhen, um der Hitze zu entkommen. Vergessen Sie aber Ihren Pullover nicht! Die Temperatur sinkt in der Regel um ein Grad je 100 Höhenmeter, und so kann es auf dem Ritten etwa zehn Grad kühler als in der aufgeheizten Stadt sein.

Nimm dir etwas Warmes mit!

Kaum irgendwo ist der mahnende Appell der Mutter, der uns aus Kindheitstagen in den Ohren nachklingt, treffender als in Südtirol. In unseren Tälern sind die Temperaturschwankungen zwischen Tag und Nacht größer als im Flachland. Während es im Sommer in der nahen Poebene auch in den Nächten schwül bleibt, können wir bei uns kurz nach Sonnenuntergang schon etwas aufatmen. So heiß es in den Südtiroler Tälern tagsüber auch sein mag, in der Nacht kühlt es empfindlich ab. Die Berghänge wärmen sich mit der Sonneneinstrahlung stark auf, kühlen in den Nächten aber wieder rasch ab, dann stellt sich auch in der Talsohle ein angenehmes Lüftchen ein. Im Frühjahr sind die Temperaturschwankungen generell am größten und können durchaus 20 Grad betragen, die großen Höhenunterschiede tun ihr Übriges: Wenn unten im Tal die Apfelbäume schon verblüht sind, behaupten sich in der Höhe gerade die Krokusse gegen die letzten Schneereste. Hören Sie deshalb auf Ihre Mutter!

TISCHLER

Die Matschhose

Eine Mutter nähert sich mit aufgespanntem Knirps und besorgter Miene dem Trainer und fragt, ob das vorgesehene Training trotz Regens stattfinde. „Wieso? Es regnet doch nicht!“, entgegnet der Coach kurz angebunden und wischt sich eine nasse Haarsträhne aus dem Gesicht. Die Kinder jagen jubelnd auf den Platz hinaus. Den deutschsprachigen Südtirolern sagt man ein unkompliziertes Verhältnis zum Wetter und seinen etwaigen Kapriolen nach. Dies manifestiert sich bereits im Vorschulalter. In den deutschsprachigen Kindergärten hängt in der Garderobe an jedem Haken eine Matschhose. Dieses wetter- und schmutzresistente Kleidungsstück ermöglicht das Spielen im Freien, auch wenn gerade ein Sturmtief mit einem kuriosen Namen über das Land fegt. „Es gibt kein schlechtes Wetter, nur falsche Kleidung“ sagt ein bekanntes deutsches Sprichwort, das vielen Italienern die Haare zu Berge stehen lässt. Es sei in diesem Zusammenhang aber auch eingeräumt, dass deren *bambini* meist wesentlich adretter, um nicht zu sagen, modischer gekleidet sind.

Das richtige Schuhwerk

Was die Schuhe betrifft, prallen in Südtirol zwei Kontinentalplatten aufeinander. Bei einem Spaziergang durch die Altstädte sind die unterschiedlichen Stilgefühle der Gäste aus dem Norden und aus dem Süden zu beobachten. Sie mögen praktisch und dem Fußklima förderlich sein, aber Sandalen mit Socken sind in Italien absolut verpönt. Sie werden dort ausnahmslos am nackten Fuß getragen. Wer partout nicht auf seine Socken verzichten will, schlüpft in Sneakers, aber – auch da gilt – die Socken müssen kurz sein und dürfen nicht bis an die Waden reichen. Wenn die Primeln blühen, ist die beste Jahreszeit für diese Feldstudie, man muss den Blick nur kurz schweifen lassen: Während Gäste aus den deutschsprachigen Nachbarländern bereits auf Flipflops umgestiegen sind, stampfen jene aus südlicheren Gefilden noch in stylischen Moonboots durch die Altstadt. Diese sogenannten *Doposcì* sind übrigens weder für die Rodelbahn noch für die Stadt geeignet. Ein letzter Tipp: Jedem Berg sein Schuh! Auf dem Waalweg tut's ein Turnschuh, der aber wiederum auf einem Hochgebirgssteig nichts verloren hat.

← Am Bozner Obstmarkt, 1961

Shorts oder Sauna

Später Nachmittag in einem Südtiroler Skiort: Ein deutscher Tourist sitzt – noch – allein in der Hotelsauna und schwitzt sich gerade die *Bombardinos* heraus (der warme Eierlikör gehört südlich des Brenners zur Hüttengaudi wie DJ Ötzi), als ein italienisches Urlauberpärchen eintritt. Sie trägt einen hübschen Bikini und er bunte Bermudashorts, als wären sie am Strand von Rimini. Der Deutsche schüttelt resigniert den Kopf. Italiener haben mit der nordeuropäischen Freikörperkultur nichts am Hut, und nirgends wird dies offensichtlicher als in Südtiroler Wellnessanlagen. Dabei sind hygienische Gründe ausschlaggebend dafür, dass man hüllenlos in die Sauna geht. Die synthetischen Badeanzüge setzen nämlich bei hohen Temperaturen unliebsame Partikel frei, die in den menschlichen Körper geraten können. Wer sich lieber bedeckt hält, der kann sich ja eines der Badetücher umbinden, die im Eingangsbereich meist stapelweise aufliegen. Einige Hotels bieten auch antibakterielle Sauna-Kilts an. Ein Beitrag zur Völkerverständigung in der Schwitzkammer.

Die Geschichte lernen lohnt sich

Wenn Sie kein Augenrollen ernten wollen, vermeiden Sie im Gespräch mit Einheimischen die Frage: „Warum gehört Südtirol eigentlich zu Italien?“ Wir werden es nicht zugeben, aber wir fühlen uns ein wenig als Nabel der Welt, und so unrecht haben wir auch nicht. Wo liegt Südtirol auf der Europakarte? Eben! Die letzten hundert Jahre sind eine Leidens-, aber auch eine Erfolgsgeschichte. Nach dem Ersten Weltkrieg die Abtrennung von Österreich, dann der Faschismus und die von Mussolini und Hitler vereinbarte Option, die Aussiedlung Migrationswilliger Richtung Nazideutschland und der tiefe Riss zwischen „Optanten“ und „Dableibern“. Auf den Zweiten Weltkrieg folgten Jahrzehnte langwieriger Autonomieverhandlungen; die dabei mühsam errungene Sonderautonomie hat Südtirol zu einem blühenden Land und zu einem vielzitierten Beispiel für Konfliktbewältigung und friedliches Zusammenleben verschiedener Ethnien gemacht. Geben Sie sich deshalb keine Blöße und werfen Sie einen Blick in Südtirols Geschichte.*

* Einen Abriss finden Sie unter http://www.provinz.bz.it/das-ist-suedtirol/.

← Relikte aus dem 1. Weltkrieg vor den Drei Zinnen

TISCHLER

Wir sind keine Trentiner!

Es stimmt zwar, die Region heißt Trentino-Südtirol, deshalb heißen aber noch lange nicht alle Bewohner „Trentiner“. Vor allem Italiener begehen gerne diesen Fauxpas. Unsere Region besteht aus zwei autonomen Provinzen, Bozen und Trient, bei denen praktisch sämtliche Gesetzgebungs- und Verwaltungsbefugnisse liegen. Während in der Provinz Bozen, die auch schlicht Südtirol genannt wird, Deutsch, Italienisch und Ladinisch gesprochen wird, hat die südliche Nachbarprovinz keine deutschsprachigen Bewohner, wenn man von den deutschen Sprachinseln (Zimbern und Fersental) einmal absieht. Dass es sich um zwei kleine und feine, aber auch sehr unterschiedliche Welten handelt, belegt ein Blick in die lokalen Tageszeitungen. Was die Trentiner erhitzt, schafft es nicht auf die Titelseiten der Südtiroler Blätter und umgekehrt. Auch die Dorfbilder könnten nicht unterschiedlicher sein, denn nordlich von Salurn, Südtirols südlichster Gemeinde, gilt das Prinzip des unteilbaren geschlossenen Hofes, während im Trentino das römische Erbrecht angewandt wird, was zur Aufsplitterung des Eigentums unter den Erben geführt hat. Kleinere, in Häusergruppen vereinte Höfe sind die Folge.

TISCHLER

Wir sind Südtiroler *e basta!*

Unsere gemischtsprachige Familie kennt das Dilemma nur zu gut: Klopfen wir bei unseren Verwandten in Österreich an, hören wir ein freudiges „Die-Italiener-sind-da!“. Wenn wir die Türklingel bei der Tante in Brescia betätigen, erschallt „Ecco, sono arrivati i tedeschi!“ (Die Deutschen sind da). Knapp 70 Prozent der Südtiroler haben sich der deutschen, 26 Prozent der italienischen und vier Prozent der ladinischen Sprachgruppe zugehörig erklärt. Aber das ist im Selbstverständnis der deutschsprachigen Südtiroler nicht automatisch ein Bekenntnis zur „deutschen“ oder „österreichischen Nation“. So weit reicht die Identifikation nicht bei allen, auch wenn die deutschsprachigen Südtiroler historisch betrachtet eine österreichische Minderheit mit italienischem Pass bilden. Die italienischsprachigen Südtiroler fühlen sich hingegen eher der großen italienischen Nation zugehörig. Die Zahl der gemischtsprachigen Familien mit einem deutschen und einem italienischen Elternteil wird amtlich nicht erhoben, sie machen aber vor allem im städtischen Bereich einen beachtlichen Teil aus. Unsere Tochter, der ewigen Fragen nach ihrer Sprachzugehörigkeit überdrüssig, antwortet gerne lapidar: „Warum deutsch *oder* italienisch? Wir sind beides! Wir sind Südtiroler e basta!“

25 JAHRE

Was macht einen echten Südtiroler aus?

Der blaue Schurz ist die „Uniform" der hiesigen Bauern, er kennzeichnet die ländliche (deutschsprachige) Bevölkerung mehr als die Tracht. Ein „echter" Südtiroler muss außerdem „Watten" können. Bei diesem Kartenspiel sollen schon komplexe politische Fragen ausgehandelt worden sein. Kein Wunder, dass Altlandeshauptmann Luis Durnwalder ein wahrer Wattmeister ist. In den italienischen Stadtvierteln in Bozen sieht man in den Bars keine Wattkarten, dort wird *Burraco* oder *Scopa* gespielt.

Ein „echter" Südtiroler wirft außerdem täglich zumindest einen Blick in die Tageszeitung „Dolomiten" (unglaubliche 85 Prozent der Auflage werden über Abonnement bezogen) und in die abendliche Tagesschau von RAI Südtirol im Fernsehen. Da sich die Südtiroler bekanntlich das Beste aus der deutschen, aber auch aus der italienischen Kultur herauspicken, verzichten vor allem die jüngere und die mittlere Generation nicht auf Pasta, Olivenöl und Parmesan. Die findet man in guter Qualität längst und selbstverständlich auch nördlich des Brenners im Supermarkt, während sie früher von den Südtiroler Studenten in Österreich als „Eigenimport" über die Grenze gebracht werden mussten.

Frage keinen Südtiroler Athleten nach dem „Inno di Mameli"!

Müssen bzw. dürfen Südtiroler Athleten deutscher Muttersprache bei Weltmeisterschaften und olympischen Spielen die italienische Trikolore tragen bzw. auf dem Siegespodest die italienische Nationalhymne singen? Die Polemik darüber flammt pünktlich zu sportlichen Großereignissen auf. „Fratelli d'Italia, l'Italia s'è desta, dell'elmo di Scipio, s'è cinta la testa"* singen die *Azzurri* stolz im Fußballstadion. Der Text ist wahrlich nicht einfach, das wissen auch die Fußballer. Für deutschsprachige Südtiroler Sportler kommt aber politische Sturzgefahr hinzu, und das Eis, auf dem sie sich dabei bewegen, ist dünn. Das hat der Kunstbahnrodler Gerhard Plankensteiner bei der Olympiade in Turin 2006 erfahren: Auf die Frage einer Journalistin, ob er bei der Siegerehrung den „Inno di Mameli" – die erwähnte Hymne – singen werde, entgegnete er, „dieses Lied" nicht zu kennen. Die Aufregung war perfekt, dabei war dem siegestrunkenen Plankensteiner nur dieser weniger geläufige Name der Hymne nicht präsent gewesen ... Kritik ernten unsere einheimischen Fahnenträger aber auch zu Hause von jenen, die sich von ihnen Auftritte ganz ohne Trikolore wünschen.

* Brüder Italiens, Italien hat sich erhoben und hat mit Scipios Helm sich das Haupt geschmückt.

← Rodel-Ass Armin Zöggeler als Fahnenträger, Turin 2006

5
LORENZISCHARTE
13
SCHRÜTTENSEEN
SCHALDERER SCHARTE
4
SCHROTTHORN

Die Ortsnamen-Sünden

Es gibt kaum ein Thema in Südtirol, das die Gemüter dermaßen erhitzt, wie die Toponomastik. Bewegen Sie sich mit äußerster Vorsicht auf diesem Terrain. Sagen Sie nie – wir betonen: nie! – zu einem deutschsprachigen Südtiroler, dass Sie nach Brunico fahren. Auf Deutsch heißt der Hauptort des Pustertals Bruneck. Und wenn wir schon dabei sind, sei angemerkt, dass ein echter Südtiroler sagt: „Ich fahre Bruneck", ohne Präposition. Die italienischen Ortsnamen wurden unter dem Faschismus eingeführt. Großteils stammen sie aus der Feder von Ettore Tolomei, vor allem was die sogenannte Mikrotoponomastik betrifft: die Namen von Fluren, kleinen Wasserläufen, Schutzhütten. Nach rund hundert Jahren sorgt das Thema noch immer für Diskussionen. Am besten, Sie werfen einen zweiten Blick auf die Landkarte bzw. auf das Handy und verwenden – je nach Gesprächspartner – den deutschen oder italienischen Ortsnamen. Einfach ist es nur in einem Fall: Lana ist die einzige größere Ortschaft in Südtirol, die auf Deutsch und Italienisch gleich heißt.

TISCHLER

Das Christkind hat Verspätung

Heiligabend in einem Meraner Wohnzimmer: Ein Sternspritzer* wartet ungeduldig auf seinen großen Auftritt. Gleich ist es soweit, er hat nur wenige Sekunden Zeit, um sein Bestes zu geben und die Kinderaugen zum Leuchten zu bringen, während die Familie vor dem Christbaum *Stille Nacht* anstimmt. In der Wohnung nebenan herrscht hingegen Alltag, es läuft der *Telegiornale*, die Nachrichtensendung. Keine Spur von Bescherung und den Klängen von *Tu scendi dalle stelle*. Dass in Italien und vielen anderen Ländern das Christkind erst am Morgen des 25. Dezember kommt, ist bekannt, aber nur in Südtirol werden beide Traditionen nebeneinander, Tür an Tür, gelebt. Die Italiener gehen zwar zur Christmette, die Geschenke werden in der Regel aber erst am nächsten Morgen ausgepackt. Dafür kommen die italienischsprachigen Kinder doppelt auf ihre Rechnung: Am Dreikönigstag bringt ihnen die Hexe *Befana*, die auf der Suche nach dem Jesukind von Haus zu Haus zieht, nochmal ein paar kleine Geschenke vorbei, während deutsche Kinder erst gar nicht besucht werden.

* Wunderkerze

TISCHLER

Der Gast und die Straßenschuhe

Kennen Sie den Witz vom Mann, dem die Schwiegermutter zwei Krawatten schenkt? Er bindet sich sofort eine um, worauf sie: „Die andere gefällt dir wohl nicht?“ So ähnlich verhält es sich mit den Straßenschuhen im Haus: Sie können es nur falsch machen. Die Gastgeberin hat Ihnen die Tür geöffnet. Zwei oder drei Küsschen, da gibt es keine Regel, Hauptsache rechts starten. Sie haben Blumen und einen guten Tropfen Wein mitgebracht (Vorsicht, da kennen sich die Südtiroler aus). Jetzt wird es aber brenzlig! Die Straßenschuhe anbehalten oder ausziehen? In Häusern, in denen Deutsch gesprochen wird, gibt es im Vorzimmer eine unsichtbare Demarkationslinie, über die kein Straßenschuh schreiten darf, in italienischsprachigen Haushalten ist das nicht so, wobei sich auch dort zunehmend das germanische Modell durchsetzt. Die Deutschen führen hygienische und witterungsbedingte Gründe an (wer will schon Schneematsch im Haus?), für Italiener hat das Gastrecht Vorrang: Der Schuh gilt als integrales Element der Bekleidung, praktisch als das Tüpfelchen auf dem I, und deshalb kann man nicht erwarten, dass der zart bestrumpfte Fuß in ausgetretene, das Gesamtbild zerstörende Gästeschlappen schlüpfen muss. In Italien bleibt so auch das für beide Seiten peinliche Loch in der Socke den Blicken entzogen.

Das Bidet, Symbol mediterraner Toilettenkultur

Es gibt etwas, das erledigen Italiener ausschließlich im Badezimmer. Richtig, das Händewaschen! Nie käme es ihnen in den Sinn, beim Betreten der Wohnung, egal ob von der Straße oder aus dem Garten kommend, en passant die Hände in der Küche zu reinigen, auch wenn dies praktischer wäre. Igitt, in der Spüle wird schließlich der Salat gewaschen, der auf den Tisch kommt!

Im Bad trifft man dann auf das Bidet, den Stolz jedes italienischen Haushalts, ein Markenzeichen, über das viel geschrieben und gewitzelt worden ist. Dafür findet man hier selten eine vom restlichen Bad getrennte Toilette – wie häufig nördlich des Brenners. Der Siegeszug des Bidets zwischen Reschen und Winnebach bezeugt den schleichenden Vormarsch italienischer Alltagskultur. In Neubauten darf es nicht fehlen, auch wenn die tatsächliche Benutzung fraglich ist. Dem Experten genügt diesbezüglich ein Griff an den Wasserhahn; je schwerer er sich bedienen lässt, desto seltener wird er verwendet. Schlimmstenfalls werden im Bidet die verdreckten Fußballschuhe gereinigt. In gemischtsprachigen Familien wurde angeblich auch das Problem des fehlenden deutschen Verbs für *fare il bidet* gelöst: „bideieren"!

Küche versus Wohnzimmer

Wo sich noch nicht die Open-space-Konzepte moderner Architektur durchgesetzt haben, gibt es in Südtirol weitere kleine, aber feine Unterschiede zwischen deutschen und italienischen Wohnungen: das betrifft den *focolare*, den Ort der Begegnung. Deutsche Familien sitzen am liebsten in der Küche beisammen. Die Wohnküche ist heimelig und praktisch gestaltet, die Konversation kann auch dann noch fortgesetzt werden, wenn der emanzipierte Mann nach dem Essen den Geschirrspüler einräumt und die anderen Familienmitglieder noch am Tisch sitzen und die Schokolade verputzen. Bei den Italienern ist dies anders. Für sie ist die Küche ein Geheimlabor, in das Unbefugte keinen Zutritt haben. Die *Chiacchierata*, der Plausch nach dem Essen, findet im Wohnzimmer statt. Im Oval Office der italienischen Familien tritt man auch zusammen, um wichtige Fragen zu besprechen. Unsere Großmütter hüteten das Wohnzimmer gar wie den eigenen Augapfel. Die Jalousien waren stets geschlossen und das Sofa mit Laken bedeckt oder schlimmstenfalls sogar in Nylonüberzüge gepackt. Keine Unterschiede gibt es hingegen beim Fernsehgerät, das hie wie da immer größer und flacher wird.

TISCHLER

Der Marianengraben im Schlafzimmer

Wussten Sie, dass ein Bett Auskunft darüber gibt, welcher Sprachgruppe das Paar angehört, das darin schläft? Italiener bevorzugen eine gemeinsame große Matratze. Diese passt in keinen Aufzug. Das sperrige und schwere Ding in die Wohnung zu hieven ist deshalb meist der erste Beziehungstest für das junge Paar. Geschlafen wird unter einem einzigen riesigen Laken und einer gemeinsamen Decke. Diese werden am Fußende unter der Matratze festgeklemmt, damit sie nicht verrutschen. Ein hübscher Überwurf, der tagsüber das gesamte Bett (auch die Kissen, die hierzulande Polster heißen) abdeckt, ist unerlässlich. Die Deutschen gehen hingegen getrennte Wege und bevorzugen zudem das flauschige Federbett und nicht die Steppdecke. Über die Vor- und Nachteile lässt sich streiten. Die einen sagen, die gemeinsame Decke sei gemütlicher und romantischer. Die anderen entgegnen, dass es in jeder Beziehung einen gäbe, der dem anderen die Decke raubt und sich wie eine Mumie einwickelt. Besser also klare Verhältnisse und Einzeldecken bzw. Federbetten, auch wenn sich dann eine tiefe Kluft durch die Schlafstatt zieht.

Suppen nur im Krankenhaus

Ein deutscher Urlauber blättert mehrmals die Speisekarte des italienischen Restaurants durch, zuerst unschlüssig, dann ungläubig, bis er einen gestressten und aufgrund der sommerlichen Temperaturen erhitzten Kellner aufhält und ihn fragt, ob es denn keine warmen Suppen gäbe. „Nur im Krankenhaus“, antwortet der *Cameriere* knapp und hetzt weiter. Diese aufschlussreiche Begebenheit hat sich tatsächlich in einem Bozner *Ristorante* zugetragen. Dort wird die Suppe allenfalls mit Tortellini serviert. Dafür gibt es die ganze und wunderbare Vielfalt der Pastagerichte und Risotti.

In den letzten Jahren ist ein Trend zum *piatto unico*, zum einzigen Hauptgericht bzw. Tagesteller, zu erkennen. Zwei Gänge – zuerst Pasta und dann noch ein Fleischgericht – bestellt an Werktagen kaum noch jemand – wenn man vom nach wie vor sehr verbreiteten „Arbeitermenü“ für körperlich geforderte Handwerker absieht. Wem ein *piatto unico* nicht reicht, der bestellt zuerst einen leichten *antipasto*, wie Rohschinken mit Honigmelone. Ganz Hungrige verlangen einen *piatto abbondante*, eine großzügig bemessene Portion.

Wie man Knödel isst

Als Kinder haben wir gelernt, dass das Messer rechts zwischen Teller und Löffel zu liegen hat. Wenn in einem feinen Restaurant ein ganzes Arsenal an Messern – wie Orgelpfeifen aufgereiht – vor einem am Tisch liegt, kann auch der Knigge-Geschulte ins Grübeln kommen. Dass es aber selbst auf der Almhütte messerscharfe Regeln gibt, mag überraschen. Nummer eins: Kein Knödel – egal ob Speck-, Rote-Bete- oder Spinatknödel, in der Suppe oder mit Butter – darf ein Messer sehen! Sie werden ausnahmslos mit Gabel oder Löffel mundgerecht zerteilt. Wer zum Messer greift, beleidigt den Koch, oder noch schlimmer: die Köchin, denn die Botschaft wäre wenig schmeichelhaft: Deine Knödel sind so hart! Seinen großen Auftritt hat das Schneidewerkzeug bei der Brettljause, dann greift Regel Nummer zwei: Speck sollte nur von Hand mit dem Messer und nicht mit der Maschine aufgeschnitten werden, auch wenn dies oft vorkommt. Und auf keinen Fall das Weiße vom Speck wegschneiden.
Weil wir schon beim Besteck sind: Lassen Sie Messer und Löffel beim Spaghetti-Essen liegen! Es ist weniger schlimm, wenn Sie rumwerkeln und die langen Nudeln schlürfen, als sie auf dem Löffel aufzurollen oder – Gott bewahre! – gar zu zerschneiden.

Leitungs- oder Mineralwasser?

Keine Angst! Wer im Gasthof „einen Krug Brunnenwasser“ oder „l’acqua del sindaco“ (das Wasser des Bürgermeisters, das also allen gehört) bestellt, wird nicht schief angeschaut und gilt auch nicht als knausrig. Südtirol verfügt über hervorragendes Trinkwasser, wie alle Laborberichte einhellig bescheinigen. Das Leitungswasser unterscheidet sich in der Regel nur in zwei Details vom Mineralwasser: in der Verpackung und im Preis. Die Plastikflaschen mögen praktisch sein, für die Umwelt sind sie ein Graus. Nicht zu rechtfertigen ist auch der Preisunterschied: Für einen Euro bekommt man zwar einen Sechserpack Halbliterflaschen Mineralwasser, aber 1000 Liter Leitungswasser! Auch wenn der Wirt ein, zwei Euro für einen Krug Wasser verrechnet, macht der Gast immer noch ein Geschäft; vor allem aber die Umwelt, weil nicht Tonnen an Flaschen durch das halbe Land und auf den Berg gekarrt und dann entsorgt werden müssen. Wer *Bitzlwåsser* liebt, wie das kohlensäurehaltige Mineralwasser in Südtirol genannt wird, kann auf das aufgesprudelte Leitungswasser zurückgreifen, das immer öfter angeboten wird. In manchen Schutzhütten gibt es aufgrund des fehlenden Trinkwasseranschlusses freilich nur Mineralwasser.

← Am Dorfbrunnen von Auer um 1934

Cappuccino nur mit Blick auf die Uhr

Um gleich jedes Missverständnis aus dem Weg zu räumen: Der Cappuccino ist ein Frühstücksgetränk. Der Kaffee mit seiner geschäumten Milchkrone ist für italienische Verhältnisse groß. Filterkaffeefreunde mit ihren bierkrugähnlichen Tassen werden mitleidig lächeln. Südlich des Brenners gibt es ein ungeschriebenes, aber unumstößliches Gesetz: Der Cappuccino wird nur am frühen Vormittag bestellt, später wird man dafür irritierte bis abschätzige Blicke auf sich ziehen. Mit kürzer werdenden Schatten verschwindet er wie von Geisterhand von den Theken der Bars. Nach der abendlichen Pizza ist er absolut verpönt. Es gibt auch eine nicht bestätigte Theorie, weshalb Italiener das so handhaben. Ein gezuckerter Cappuccino bringt es immerhin auf 110 bis 120 Kalorien, im Land der *dieta mediterranea* ein beachtlicher Wert. Wer – so die Auffassung – sie in der Früh zu sich nimmt, hat den ganzen Tag Zeit, um sie zu verbrennen. Eine Alternative stellt der *macchiato* dar, der Kaffee mit Milchkrone in der kleinen Espressotasse, oder sein großer Bruder der *macchiatone*, der oft nur unwesentlich kleiner als der geliebte Cappuccino ist.

Die Kaffee-Farbtabelle

In Südtirol gedeiht Wein bis auf tausend Meter Höhe. Auch wenn Sie sich deshalb schon ganz in italienischen Gefilden wähnen, verläuft eine bestimmte gastronomische Höhenlinie erheblich tiefer. Vergessen Sie ihren geliebten *Latte macchiato*, wenn Sie ins Mittel- und Hochgebirge steigen und in einem Buschenschank oder in einer Schutzhütte einkehren. Die Kaffee-Palette mag in den Städten noch so bunt sein, ab einer gewissen Höhenlage gibt es häufig nur noch Kaffee nach deutscher oder italienischer Art, und Letzterer konzentriert sich auf Macchiato und Espresso. Mit modischen Varianten von *caffè shakerato* bis *americano* sowie mit den in städtischen Bars selbstverständlichen Sonderwünschen wie *ristretto, lungo* (kurzer bzw. langer Espresso), Macchiato mit kalter Milch, Espresso mit Milch separat, *macchiatone, corretto sambuca* (mit Anisschnaps) … sollten Sie Hüttenwirte nicht behelligen. Übrigens: Der Espresso heißt auf Italienisch schlicht *liscio* (Der Pure). Da wir schon bei den Getränken sind: Die Südtiroler nennen den Holundersaft *Holer*. Doch Vorsicht bei der Aussprache! Der eine oder andere bundesdeutsche Gast mit Faible für den lokalen Dialekt bekam stattdessen schon einen Krug Cola vorgesetzt.

← Vom Holunder zum Sirup

Wacholderschnaps
Grappa al ginepro
sambuco

Die Tücken mit den Römern und den Trebern

Die freitagabendliche Pizza im Freundeskreis ist eine liebe Gewohnheit wie einst das vormittägliche Gläschen Weißwein, als das *Kirchen* (der Besuch der Messe) noch unverzichtbarer Auftakt jedes Sonntags war. Es sei aber erinnert, dass dabei *alla romana* nicht nur eine schmackhafte Pizza mit Oliven und Sardellen bezeichnet, sondern auch die ungeschriebene Regel, dass nach dem Essen die *gemeinsame* Rechnung rasch und unkompliziert einfach durch die Zahl der Tischgenossen geteilt wird. Ärgern ist sinnlos, es gibt immer einen, der etwas Teureres bestellt und besser aussteigt. Darüber kann vielleicht die Schnapserlrunde hinwegtrösten, die vom Wirt am Ende des geselligen Abends zum Abschied gerne ausgeschenkt wird. Der aus Weinmaische gewonnene Schnaps wird in Südtirol gemeinhin Treber genannt, während die Italiener Grappa dazu sagen.

Beim erwähnten gemeinsamen „Weißen“-Aperitiv wird übrigens nicht geteilt, sondern einer bezahlt die Runde. Beim nächsten Mal kommt ein anderer dran.

Trinkgeld trotz *coperto*?

Am Brenner scheiden sich nicht nur die Wasser, die einen fließen ins Schwarze, die anderen ins Mittelmeer, sondern es wechselt auch die Trinkgeldregel. Nördlich der Alpen zahlt man in der Regel für jedes verzehrte Brötchen einzeln, südlich davon wird hingegen die All-Inclusive-Lösung des *coperto* praktiziert. Der Gast zahlt das „Tischgedeck", einen fixen, auf der Speisekarte ausgewiesenen Betrag – in der Regel ein paar Euro – für Brotkorb und Service. So entfällt das lästige Semmelzählen beim Bezahlen. Der *coperto* wurde im Mittelalter eingeführt, um zu vermeiden, dass die Leute nur die Wirtsstube besetzten, um sich aufzuwärmen, ohne etwas zu konsumieren. Ein Blick auf die Speisekarte lohnt sich aber, denn in exklusiven Lokalen kann der Preisaufschlag beachtlich ausfallen. Zwangsläufig stellt sich dann die Frage nach dem Trinkgeld. Im deutschen Sprachraum sind zwischen fünf und zehn Prozent des Rechnungsbetrages selbstverständlich. In Südtirol wird es wie im restlichen Italien gehandhabt: Das Trinkgeld ist in der Regel im *coperto* inkludiert, jeder Kellner freut sich aber, wenn der zufriedene Gast großzügig aufrundet und ihm auch ein Kompliment für das Essen und die zuvorkommende Bedienung ausspricht.

kg
italiana macchi
ITALIANA
MACCHI
300M

Vorsicht mit *etti* und Deka!

Vor Geschäftsschluss noch rasch etwas Rohschinken für ein Brötchen holen. „Wollen Sie eine Scheibe probieren?" „Gerne!" Die italienischsprachige Bedienung im Feinkostladen in der Altstadt ist ausgesprochen freundlich. „Soll ich lieber zwei Päckchen machen?", fragt sie noch. „Nein danke, ich esse den Schinken sowieso gleich auf", antwortet der Kunde beiläufig, während er die Nachrichten auf seinem Handy checkt. Nachdem er schon eifrig gechattet hat, wird er stutzig, denn die Verkäuferin steht noch immer an der Schneidemaschine. Ein Blick auf die LED-Anzeige der Waage – 530 Gramm! – bestätigt ihm, dass er einen peinlichen Fehler begangen hat und er der Sache Einhalt gebieten muss: „Ups, das reicht schon. Danke!", sagt der Kunde rasch. Wer nämlich 100 Gramm Schinken möchte und dazu wie die Einheimischen **zehn Deka** (1 Dekagramm = 10 Gramm) sagt, darf nicht gedankenverloren in die nur im Italienischen gebräuchliche Maßeinheit *etto* wechseln. Er muss jetzt „***un*** etto", nicht „***dieci*** etti" bestellen. In etto steckt – wie in Hektoliter – nämlich eine Hundert (1 *etto* = 100 Gramm). Das geht sonst ins Geld und über den Bedarf!

TISCHLER

Leben in Südtirol

Südtirol ist binnen weniger Jahrzehnte aus einem bitterarmen Auswanderungsland zu einem florierenden Einwanderungsland geworden. Seit den 1990er-Jahren ist der Wanderungssaldo positiv. Die hohe Lebensqualität und der stetige Bedarf an Arbeitskräften – ohne Job waren hier vor Corona gerade einmal 2,8 Prozent (Ende 2020 waren es dann doch 4,5 Prozent) –, wie natürlich auch die Liebe, sorgen dafür, dass immer mehr *Zuagroaste* aus dem In- und Ausland Wurzeln schlagen. Im Land zwischen Etsch und Rienz lässt es sich wahrlich gut leben. Sich hier zu Hause zu fühlen, fällt leicht, ein echter Südtiroler zu werden hingegen weit weniger. Die „Reifeprüfung" ist der Dialekt. Ein simples *Oschpele* (Ausdruck des Erstaunens bzw. der Anerkennung, z. B. „da schau an!") oder das von beiden Sprachgruppen verwendete „ma dai" (na geh! was, echt?) machen noch lange keinen Südtiroler. Dazu muss man schon auch kalt *haben*, eine Jacke *anlegen*, eine schmutzige Kaffeetasse *ausschwänzen* (ausspülen) und dem Gegenüber *zualosn* (zuhören). Glauben Sie uns, der Weg ist lang und steinig. Die Prüfung haben Sie übrigens bestanden, wenn Ihr Gegenüber nicht mehr automatisch ins Hochdeutsche wechselt, sobald Sie den Mund aufmachen, sondern im Dialekt weiterredet. *Pfiat enk!* (Tschüss!)

Südtirols schönste Seiten

Luisa Righi/Stefan Wallisch
Südtirol verstehen
43 Antworten zu einem besonderen Land
96 S., ISBN 978-3-85256-722-8

Oswald Stimpfl
Die schönsten Autotouren in Südtirol
Spektakuläre Straßen, einladende Gaststätten, kurze Wanderungen
168 S., ISBN 978-3-85256-831-7

Oswald Stimpfl
Der Meraner Höhenweg
96 S., ISBN 978-3-85256-785-3

Oswald Stimpfl
Südtirols schönste Waalwege
Wanderungen am Wasser für die ganze Familie
128 S., ISBN 978-3-85256-776-1

Peter Righi
Zweitagestouren in Südtirol
Die schönsten Bergwanderungen mit Übernachtung in Schutzhütten
192 S., ISBN 978-3-85256-809-6

Anja Eichelsdörfer
Alpenpässe in Südtirol
Ein Wanderbuch
160 S., ISBN 978-3-85256-824-9

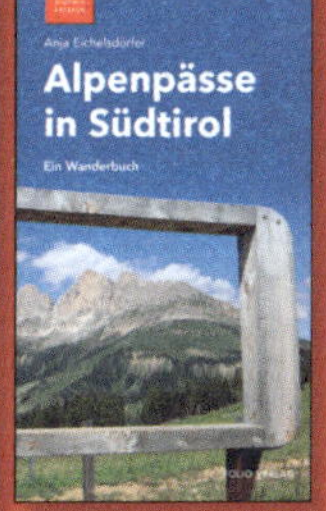

Melanie Donà
Südtirol für Kids
Entdecken, Staunen, Spaß haben mit Kindern bis 6 Jahre
128 S., ISBN 978-3-85256-832-4

Oswald Stimpfl
Die schönsten Wanderungen rund um Meran
Leichte und lohnende Ziele
128 S., ISBN 978-3-85256-808-9

www.folioverlag.com